Locos, nerds y sabios

Neurodiversidad y creatividad

Jimmy Huston

Cosworth Publishing

Cosworth Publishing
21545 Yucatan Avenue
Woodland Hills CA 91364
www.cosworthpublishing.com

For information regarding permission,
please send an email to *office@cosworthpublishing.com.*

Dedicados a la lucha

¡BAM!

La existencia.

Estamos bastante seguros de que está aquí. Creemos que es real. La mayoría de nosotros. Podemos sentir algo sólido bajo nuestros pies. Hay luz, sonido, mucha agua; ese tipo de cosas.

Claro, al principio estaba oscuro. Por eso se llama el amanecer de los tiempos. Pero eso cambió cuando las cosas empezaron a estallar. Polvo cósmico. Cuerpos masivos. Muchas colisiones. Explosiones. Fisión. Fusión. ¡Kaboom!

Ya es infinito y se está expandiendo. Descifre eso. Hace frío. Un frío absoluto. Excepto cuando se calienta. Entonces se pone muy, muy caliente.

Saltan chispas. Bueno, todo vuela en el espacio. Entonces, antes de que se dé cuenta (porque todavía no existe), se establece una rutina. La materia se fusiona. Las cosas chocan. Otras cosas se atascan. Las cosas más pequeñas forman cosas grandes. Las cosas grandes se hacen más grandes. Si se hacen lo suficientemente grandes, las llamamos planetas.

Y después llega la vida.

Es evidente que hay vida, o no estaría leyendo esto. Sabemos lo que se necesita. Están los bloques de construcción. Solo agua (o amoníaco) y un montón de minerales, etc. Pero lleva tiempo. Mucho tiempo. Luego, eventualmente, probablemente obtendrá algo. Tal vez una célula procariota o algo así.

Las condiciones tienen que ser las adecuadas, por supuesto. Perfectas, en realidad. Pero dado un universo entero como lugar y el infinito como marco temporal, sucederán cosas, como la fotosíntesis.

Lo entendemos. No lo entendemos del todo, pero lo entendemos.

¿Inteligencia?

Eso es algo completamente diferente. A un nivel primario, algo le dice a una célula que se divida en dos células, aunque eso no sea realmente inteligencia. Pero las cosas evolucionan. Luego salen del lodo y comienzan a caminar en busca de algo para comer. Eso es resolver problemas, pero no exactamente lo que llamamos pensar.

Sí, había un montón de plantas y animales, pero pasemos a lo que consideramos personas. Resolución de problemas. Caza. Agricultura. Arquitectura. Lenguaje. Viajes. Muchas guerras. Todo eso proviene del cerebro. Lo sabemos, aunque apenas lo entendamos. Hay cosas sucediendo allí. Neuronas, nutrientes, electricidad, sinapsis. En su mayor parte, hacen un buen trabajo.

Con el tiempo, las cosas se pusieron raras. La gente empezó a inventar cosas sin ninguna razón clara y práctica. Les gustaban ciertos ruidos, normalmente con un ritmo y melodías repetitivas, o muestras de color que convertían superficies ordinarias en imágenes. Algunos lo hacían mejor que otros y nos dieron arte, música, arquitectura, religión y poesía.

Eso es lo que hace el cerebro. La resolución de problemas está bien hasta cierto punto, pero con el tiempo empezamos a buscar la iluminación o, al menos, el entretenimiento.

En general, las cosas empezaron a tener buena pinta. Un cerebro humano bueno y sano puede hacer muchas cosas, pero hay límites.

Volviendo a la primera página, "¡Bam! La existencia" por ejemplo, no tenemos ni idea. En su mayoría, nos hemos conformado con la idea aceptada del Big Bang, con la excepción de unos pocos mitos sobre huevos cósmicos, dioses solares, caos acuático y el Génesis.

Todavía no sabemos nada.

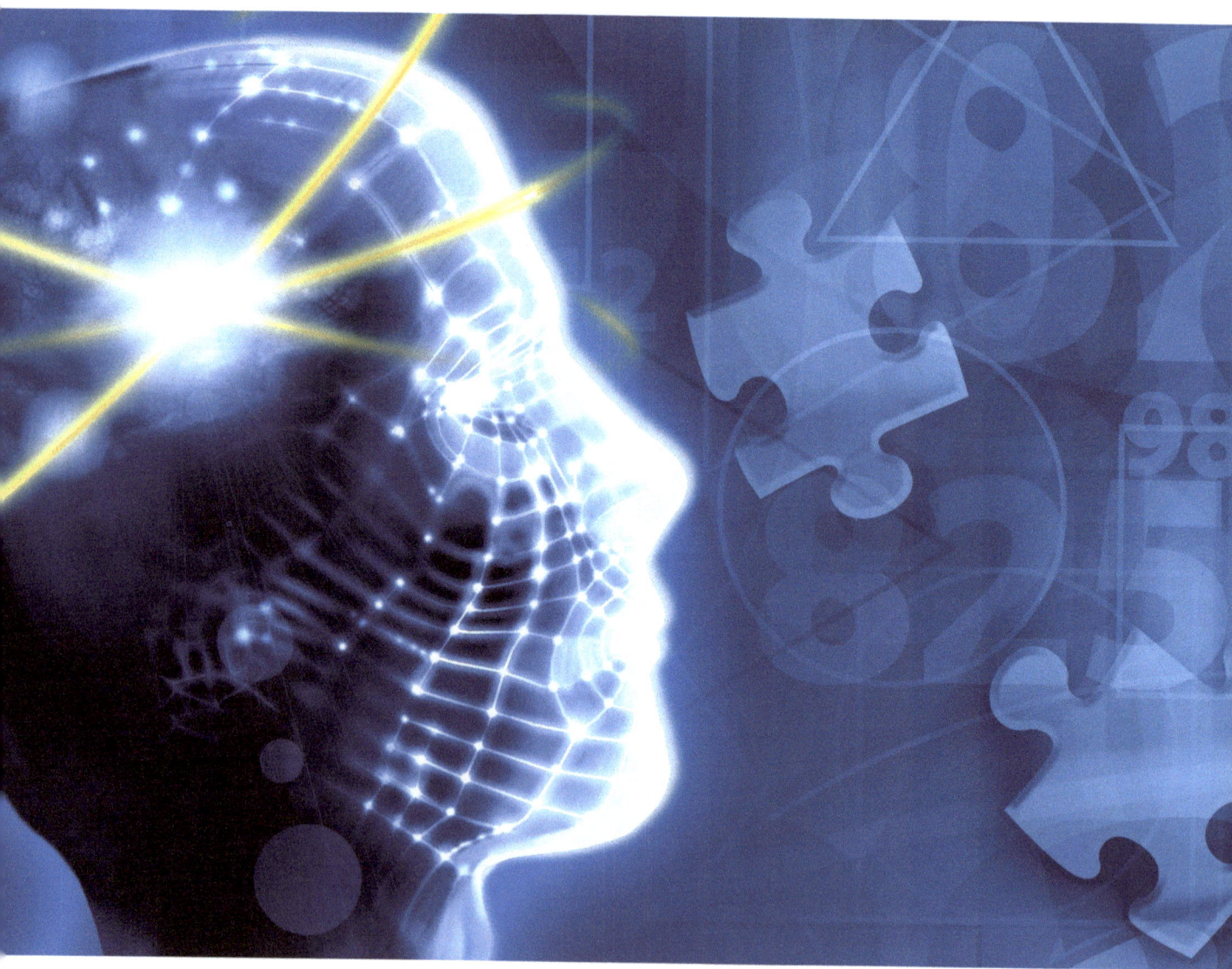

En adelante, ignoraremos el desconcertante y absurdo concepto de la preexistencia y trabajaremos en lo que llamaremos, con humor, realidad. Es algo en lo que podemos pensar y que, poco a poco, estamos empezando a entender. Nos hemos vuelto bastante buenos en muchas cosas: alimentarnos, transportarnos, medicina, ingeniería, incluso algunos viajes espaciales limitados.

A lo largo del camino hemos encontrado algunos obstáculos. Límites. Tal vez el primero fue la oscuridad. La primera solución fue esperar hasta la mañana. El siguiente paso fue el fuego para las antorchas, las velas y los faroles. Y luego, finalmente, la electricidad. Es cierto que hubo que esperar bastante para que llegara la electricidad, pero cuanto más mejoran las cosas, más difícil es la siguiente etapa.

¿Electricidad? ¿Qué? ¿Qué hace esta cosa?

¡Caramba!

Cuando se trata de algo tan extraño como la electricidad, se necesita un tipo de mente especial para entenderlo. (Más sobre esto más adelante).

Volvamos a otros campos de interés. Al principio no había mucho que hacer después del anochecer, así que multitudes de pastores observaron millones de estrellas durante milenios, pero se necesita un tipo de mente especial para organizarlas en patrones. ¿Por qué se mueven?

Las charlas alrededor de la fogata llevaron a la filosofía y, de alguna manera, a las matemáticas. Así que los pastores fueron los primeros astrónomos y de alguna manera se involucró la física, y luego vinieron la astrología y los psíquicos. Es broma. No los mencionemos.

La navegación también ayudó mucho. Descubrir nuevas tierras no significaba mucho si no podías encontrar el camino a casa. Las cosas eran diferentes dependiendo de dónde te encontraras en el planeta. Las cosas en África no eran como en el Ártico. Mientras la gente vagaba, intercambiaba semillas, especias y otras cosas... e ideas.

Hubo algunos desacuerdos territoriales a lo largo del camino. La guerra es, en general, bastante inventiva. Algunos eran mejores que otros. Algunos eran bastante buenos en eso, y tomaban todo lo que querían de dondequiera que fueran, y se lo llevaban a casa. A eso lo llamaban "comercio".

La gente empezó a fabricar cosas. Cosas simples y útiles al principio. Ollas. Velas. Hachas. Pero, con el tiempo, aparecieron máquinas. Dispositivos mecánicos reales que podían hacer el trabajo.

Finalmente aparecieron los automóviles. Y el vuelo. Descubrieron una forma de caminar por el cielo. Y también fabricaron lavavajillas automáticos. Y cepillos de dientes eléctricos.

Un salto adelante. Una vez más, la siguiente etapa siempre es mucho más difícil. Los límites son más estrictos. La velocidad del sonido. La división del átomo. La órbita terrestre. La luna. Puede parecer el límite por ahora, pero hay algunos pensadores bastante brillantes que están mirando hacia Marte.

Así que aquí estamos.

Somos modernos. Incluso somos algo futuristas. En general somos bastante inteligentes, pero ¿de dónde surgieron estas ideas? ¿Por qué tardaron tanto? ¿Cuándo llegarán las siguientes?

¿Y por qué solo a algunos de nosotros se nos ocurren las grandes ideas?

Eso nos hace preguntarnos sobre la creatividad.

Eh... ¿La creatividad?

¿Qué es la creatividad?

Bueno, existe la creatividad normal A, B, C... etc. O tal vez la creatividad A+B+C=D, pero eso nunca te llevará a e=mc².

¿Qué lo hará? No se trata solo de pensar de manera original, lineal. Se trata de pensar de otra manera: espacial, lateral, difusa, alucinógena o incluso extática, a veces todo a la vez. Y eso nos lleva a lo que ahora llamamos "neurodiversidad".

Muy pronto la gente se dio cuenta de que alguien pintaba en las paredes de sus cuevas. Y alguien inventó la primera lanza. Luego estuvo la primera persona que hizo fuego con cosas que no estaban calientes. Como dice Temple Grandin, estos no eran los chicos que estaban afuera de la cueva, charlando junto a la fogata.

Probablemente los ridiculizaron como los Nerds de la Cueva.

Todos los hemos visto. Los cerebritos. Los genios. Los nerds.

Rara vez son el inventor mujeriego y afable como Robert Downey Jr. interpretando a Tony Stark en *Iron Man*. Es cierto que también pueden destacar entre la multitud, pero puede ser porque se mueven nerviosamente, parpadean, se balancean hacia adelante y hacia atrás, se repiten, ignoran a todos los que los rodean o por docenas de otras pistas.

¿Por qué son tan inteligentes?

Pero retrocedamos un poco. Una mejor pregunta podría ser: "¿Por qué son diferentes?"

En pocas palabras, piensan de manera diferente porque sus cerebros son diferentes, y ahora llamamos a eso ser "neurodivergente".

El general George Patton (TEA) afirmó: "Si todos piensan igual, entonces alguien no está pensando".

Tiene razón. Cuando la mente de todos trabaja en una misma dirección, un pensador neurodivergente puede ir en una dirección o dimensión completamente diferente.

¿Esos pastores comunes estaban creando la física y las matemáticas? ¿O eran super pastores?

De hecho, ¿quiénes fueron los arquitectos de las pirámides, los templos y los ídolos? ¿Quién creó las herramientas y el equipo que los hicieron posibles?

Pista: no fueron los neurotípicos.

Un minuto. ¿Qué es la neurodiversidad?

En cualquier zapatería se ve una amplia variedad de calzado. Hay zapatos para trabajo, zapatos de juego y zapatos de vestir para hombres, mujeres y niños. Esto incluye mocasines, tacones altos, chanclas, zapatos Oxford con plataforma, mocasines y zapatos para bailar claqué. Hay zapatos para correr, trotar, caminar, jugar al tenis, al ráquetbol, al baloncesto e incluso para conducir. Los zapatos con tacos para béisbol, golf y fútbol tienen variaciones para clima húmedo o seco. Las botas vaqueras occidentales difieren de las botas de montar de estilo inglés. Las zapatillas de ballet no se parecen en nada a las botas de combate. Todos los zapatos pueden ser similares, pero tienen características diferentes.

Los cerebros también son así y existen en una variedad aún más amplia. Algunos cerebros son buenos en matemáticas. Algunos son buenos con herramientas. Otros fluyen fácilmente con los idiomas. Muchos tienen interés en la música. A algunos cerebros les gusta hablar. A otros definitivamente no. Algunos cambian sus intereses constantemente. Algunos solo se interesan en un área. Sus compañeros de clase, compañeros de trabajo y familiares son todos diferentes.

Probablemente haya notado que el cerebro de algunas personas es muy diferente. Eso es lo que significa neurodivergente. Esos cerebros pueden ser excepcionalmente buenos en matemáticas. O incluso mejores que eso. Algunos cerebros están dotados para el arte. Algunos sobresalen en las ciencias o inventan cosas a partir de ideas nuevas. Muchos de ellos sobresalen en el mundo de la música. Y así sucesivamente. Al igual que el resto de nosotros, no son buenos en todo. Son especiales, pero no perfectos. Todos tenemos idiosincrasias que pueden ser inusuales o pronunciadas. ¿Y qué con esto? Su pensamiento es fuerte. Sus ideas son a menudo revolucionarias. Son simplemente diferentes.

La neurodiversidad no es una cosa. Es un continuo de conductas que contiene un espectro completo, el trastorno del espectro autista, entre cosas como dislexia, trastorno por déficit de atención e hiperactividad, trastorno obsesivo compulsivo, discalculia, síndrome de Tourette, trastorno del desarrollo de la coordinación, disgrafía, discapacidad intelectual, trastorno del desarrollo del habla, discapacidad del aprendizaje no verbal, epilepsia y trastorno bipolar.

Todos estos términos tienen múltiples comportamientos y señales que pueden indicar un diagnóstico. Algunos síntomas se presentan en más de una categoría, dando la apariencia de que uno se mezcla con el siguiente. También puede haber comportamientos definidos que no ocurren en cantidades o intensidad suficientes para validar un diagnóstico oficial. En otras palabras, una persona puede no cumplir con un diagnóstico formal, pero aun así presentar múltiples síntomas suficientes para que se la considere TOC, TDAH, TDC, etc. por sí misma o por otros.

Ha habido algunas personas muy inteligentes durante mucho tiempo. Todavía estamos hablando de algunas de ellas miles de años después. De hecho, sabemos tanto sobre ellas por sus compañeros que creemos que eran neurodivergentes mucho antes de que esto se pusiera de moda. Fueron los primeros científicos, matemáticos y filósofos. Pitágoras (TEA), Sócrates (TDAH), Arquímedes (TEA) e Hipatia de Alejandría (TEA).

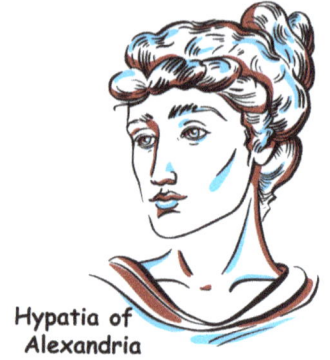

Pythagoras   Socrates   Archimedes   Hypatia of Alexandria

Fueron los pioneros del pensamiento profundo. Sus diálogos iniciaron conversaciones que todavía hoy continúan entre nuestros propios genios. A lo largo de los siglos, ha habido otros, en muchos campos diferentes.

La gente se dio cuenta de que eran realmente brillantes, pero a menudo eran un poco inusuales. A veces era algo menor, pero a veces era extremo. Tal vez estaban preocupados por sus pensamientos e ignoraban a todo el mundo. Tal vez eran impacientes con los demás, o incluso groseros. Si actuaran de esa manera hoy, podrían ser clasificados como neurodivergentes. Así que hagámoslo. Hagamos que la neurodivergencia sea retroactiva. No es perjudicial, y los patrones que surgen podrían ayudarnos a comprender mejor a algunas de las personas que nos rodean hoy.

En este libro se describe a muchas personas con varios tipos de neurodivergencia, a veces basados en hechos conocidos y a veces basados en discusiones populares de personas no expertas. Cualquier etiqueta de este tipo no significa necesariamente que alguien sea neurodivergente, sino que algunas personas creen que lo es.

La neurodivergencia no es un insulto. Es una descripción, generalmente de un comportamiento o acciones observadas. Incluso los médicos y los especialistas pueden estar en desacuerdo sobre cualquier diagnóstico, pero, repito, es sólo una opinión y cualquiera puede tener una opinión.

Si no está de acuerdo, cierre el libro. No hay problema.

¿Sigue aquí? De acuerdo.

Nos guste o no, ahora, como entonces, muchos de los mejores cerebros funcionan de manera diferente. Hace falta un tipo de mente determinado para pensar realmente fuera de los esquemas establecidos. Una mente neurodivergente, tal vez. Si bien el cerebro humano tiene que caber dentro de un cráneo bastante pequeño, sus pensamientos pueden expandirse más allá de todos los límites. ¿Es sorprendente que algunos se expandan más que otros?

Los pensamientos no convencionales pueden producir visiones, sueños, trances, iluminaciones, inspiraciones, percepciones, visiones, premoniciones y descubrimientos trascendentales. Alguien tiene que hacerlo. Bienvenidos los neurodivergentes. Traen Eureka en abundancia.

A lo largo de los siglos, nuestros grandes pensadores han descubierto que hay cuerpos celestes enormes a lo largo de la distancia, hechos de partículas diminutas que a su vez están hechas de fragmentos mucho, mucho más pequeños. Galaxias y electrones. Planetas y polvo de estrellas. Hmmmm...

Sí, han visto las similitudes entre las neuronas y los rayos. Cerebros grandes.

Todo tiene sentido de una manera extraña si no lo piensas demasiado. Algunas personas son simplemente mejores en esto que otras.

Sí, hay personas que pueden concebir cosas que son literalmente demasiado grandes para ser concebibles. Robert Oppenheimer (TEA). Stephen Hawking (TDAH). Galileo (TDAH). Benjamín Banneker (TEA). Albert Einstein (TEA). Isaac Newton (TEA). Alan Turing (TEA). Michael Faraday (TEA). Carl Sagan (TEA). Neil de Grasse Tyson (TEA). Paul Dirac (TEA). ¿Nerds? Por supuesto.

¿La filosofía vuelve loca a la gente o esa gente empieza un poco fuera de lo común (atípica)? Piense en Bertrand Russell (TEA). Arthur Schopenhauer (TEA). Friedrich Nietzsche (TEA). Ludwig Wittgenstein (TEA). Immanuel Kant (TEA). Jean Paul Sartre (TEA). Baruch Spinoza (TEA). ¿Locos? Tal vez...

Neurodiversidad. Suena genial. ¿Entonces cuál es el lado negativo?

Antes de que se les reconozca su genialidad, se les conoce por sus debilidades. Aparentemente, la genialidad puede llevar a un desbordamiento craneal, arrojando de todo, desde pequeñas excentricidades y peculiaridades hasta disfunciones importantes.

Eso no significa que sea una locura, pero la hiper concentración en un concepto previamente incomprensible puede dar lugar a un comportamiento poco ortodoxo. Cuando está vagando lejos en la galaxia, perdido entre las estrellas, no importa si sus calcetines no combinan. Si está componiendo una sinfonía en tu cabeza, es posible que llegue tarde a la cena de nuevo, si es que come algo. Cuando se ignora su investigación cuántica, tal vez una rabieta sea comprensible. Estos cerebros están ocupados en otra cosa.

Y no se trata solo de los genios en la cima. Están los pequeños cuyos pensamientos luchan con el TOC, el TDAH, la dislexia, el autismo y más. Maestros. Mecánicos. Soldados. Camareros. Granjeros. También tienen buenas ideas. Tal vez pequeñas buenas ideas, pero necesarias. Soluciones a problemas del mundo real. Nos mantienen avanzando (aunque también sean un poco locas).

La creatividad no es solo soñar grandes pensamientos por parte de los sabios. La neurodiversidad es inclusiva. Están a nuestro alrededor, con buenas ideas inesperadas, grandes y pequeñas.

LOS CIENTÍFICOS comienzan con ideas y estudios. Luego prueban cosas. Una y otra vez. Y otra y otra vez. Y otra y otra vez. ¿No funcionó? Inténtelo de nuevo. Y otra vez. ¿Obsesivo? ¿Compulsivo? Tal vez, pero eso no es un trastorno.

Louis Pasteur (TDAH). Paul Dirac (TEA). James Clerk Maxwell (TDAH). Carl Jung (TEA). Marie Curie (TEA). Alfred Kinsey (TEA). Dmitri Mendeleev (TEA). Michael Faraday (TEA). Barbara McClintock (TEA). Ivan Pavlov (TEA). Henry Cavendish (TEA). William Scott (TEA). Charles Darwin (TEA).

LOS INVENTORES hacen que las cosas avancen, combinando ideas de nuevas maneras. Alexander Graham Bell (TDAH). Thomas Edison (TDAH). Benjamín Franklin (TDAH). Wilbur Wright (TDAH). Woody Norris (TDAH). Alfred Nobel (epilepsia). Nikola Tesla (TEA).

LOS EMPRENDEDORES encuentran una nueva manera de hacer que todo funcione para todos. Perspicacia. Innovación. Henry Ford (TEA). Walt Disney (TDAH). Richard Branson (TDAH*). Howard Hughes (TOC). Ayudaron a dar forma al futuro en el que vivimos hoy. Entonces, ¿qué sigue? ¿Nos dirigimos hacia un futuro dirigido por neurodivergentes? ¿Con sus implantes cerebrales, inteligencia artificial y naves espaciales a Marte? ¿O ya hemos llegado?

Conozca a Mark Zuckerberg (TEA). Elon Musk (TEA*). Steve Jobs (TDAH). Bill Gates (TEA*). Jeff Bezos (TDAH). Y quítese del camino.

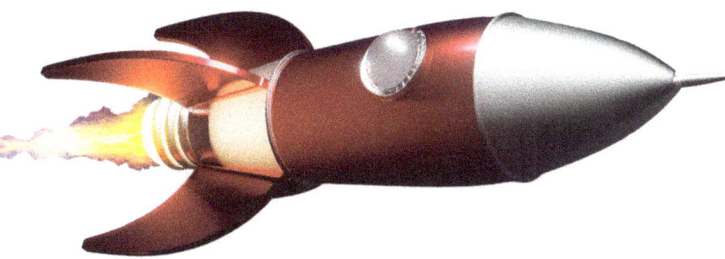

Dejaron atrás el futuro de antaño de Julio Verne (TDAH). Aldous Huxley (TEA). George Orwell (TEA). H.G. Wells (TEA). H.P. Lovecraft (TEA). Anthony Burgess (TEA). Siguiendo adelante...

* Denota autoidentificación.

Muchas personas pueden ver una necesidad, pero cuando las cosas se ponen difíciles, solo unos pocos encontrarán la manera. Por lo general, toman piezas de muchas personas a su alrededor y las juntan de una manera nueva, encontrando una solución que funcione en el mercado.

Una de las características necesarias para estos empresarios exitosos es el liderazgo, algo que no se les ocurre a las personas del espectro o neurodivergentes. Unas cuantas peculiaridades no van a detener sus búsquedas.

Los científicos que compararon la mente colectiva de las colonias de hormigas con las acciones de grupos de personas observaron que la resolución de problemas de las hormigas mejora con una gran cantidad de trabajadores. Y descubrieron que eso no es cierto en el caso de las personas. (Todos aprendemos eso en proyectos grupales en la escuela). Las personas normalmente necesitan un líder. Si no un jefe, al menos alguien que tenga una idea mejor que el pensamiento grupal.

LOS LÍDERES tienen que pensar de manera diferente. Eso ciertamente se aplica al gobierno. Winston Churchill (TDAH). Reina Isabel I (TDAH). Reina Isabel II (TOC). Rey Carlos (TDAH). Vladímir Putin (TEA). César Augusto (TEA). Robert F. Kennedy Sr. (TDAH). Nelson Rockefeller (Dislexia). Al Gore (TEA). Jefferson Davis (TEA). Quizás haya oído hablar de estas siguientes personas. Solían trabajar en el gobierno.

Los PRESIDENTES no tienen tiempo para una mente promedio. Tienen que sobresalir. George Washington (dislexia). Thomas Jefferson (TEA). Andrew Jackson (dislexia). Abraham Lincoln (TDAH). Ulises S. Grant (TEA). Woodrow Wilson (dislexia). Dwight D. Eisenhower (dislexia). John F. Kennedy (dislexia). Lyndon B. Johnson (dislexia). Donald J. Trump (TOC).

Los GUERREROS son los que luchan, pero el pensamiento innovador manda.
General Eisenhower (dislexia). Emperador Napoleón (TEA). Julio César (epilepsia).
General Custer (TOC). Alejandro Magno (TDAH). General Montgomery (TEA).
General Stonewall Jackson (TEA). General Grant (TEA). General Aníbal (TDAH).
Santa Juana de Arco (epilepsia). General Washington (dislexia). ¿Locos? Difícilmente.

El pensamiento creativo lleva al límite la guerra, desde las ballestas hasta la pólvora,
pasando por el descifrado de códigos y la visión remota. La innovación abarca desde
las mentes de Leonardo da Vinci (TEA), hasta Edward Teller (TEA) y Robert Oppenheimer (TEA).

La guerra no es el camino que queremos seguir, pero si comienza, definitivamente
queremos que el pensamiento neurodivergente esté de nuestro lado.

¿Somos más inteligentes ahora que antes? Sabemos más sobre algunas cosas, pero eso se debe a que hoy tenemos mejores herramientas. Tenemos el microscopio electrónico. La resonancia magnética. El telescopio Hubble. Las estaciones espaciales.

Los sumerios no lo sabían. Ni tampoco los babilonios. Sin embargo descubrieron los solsticios y los equinoccios. Dieron nombre a las constelaciones.

No sabemos cómo construir una pirámide como lo hacían los antiguos. Hemos olvidado cómo caminar sobre el agua. Ni siquiera podemos leer palabras talladas en piedras antiguas.

¿Eran los antiguos neurodivergentes?

Poco a poco, gente como Galileo empezó a entender las cosas, pero primero tuvo que inventar el telescopio. A lo largo de los siglos, millones de personas observaron relámpagos en el cielo. Sólo un hombre decidió volar una cometa en ellos. Hmmmm...

Una y otra vez, es una persona la que da un paso adelante con una nueva idea. ¿Por qué?

Es simple. La neurodiversidad es sólo otro término para la creatividad.

La creatividad es pensar de manera diferente. Eso es lo que hace el cerebro neuro diverso. Funciona de manera diferente. En algunos aspectos mejor. En otros, tal vez no.

Los pensamientos pueden ir en direcciones inusuales. Puede haber distracciones o desvíos. Puede haber hiper concentración en algunas cosas y ninguna concentración en otras. Las neuronas pueden vagar. Las sinapsis pueden sorprenderte. Las ensoñaciones pueden ser soluciones. O pistas.

Sin embargo, puede haber nuevas ideas. Innovación. Invención. Inspiraciones. Hablando creativamente, la neurodivergencia puede ser un catalizador, una salida. Respuestas. El mensaje es claro. No tenga miedo. ¡Piense!

Pero no son solo la ciencia, la guerra o la religión las que están evolucionando...

30

El ARTE es la creatividad por excelencia. Pintores, escultores y otros nos muestran sus pensamientos inusuales. Crucifixiones. Vírgenes. Girasoles. Nenúfares. Estropajos. ¿Cómo miran las cosas los maestros? ¿Qué vieron diferente? ¿Por qué la perspectiva es forzada? ¿Es psicología del color? ¿El puntillismo está conectado con la teoría atómica? ¿Qué pigmentos perdurarán durante siglos? ¿Es un arte de tocador? ¿El cubismo es neurodivergente?

¿Ser inteligente hace a un mejor artista? Leonardo da Vinci (TEA). Pablo Picasso (TEA). Miguel Ángel (TEA). Vincent van Gogh (TEA). Salvador Dalí (TEA). Rembrandt van Rijn (Bipolar). Stephen Wiltshire (TEA). Andy Warhol (TEA). Peter Howson (TEA). Jackson Pollock (trastorno bipolar). Wassily Kandinsky (TEA). Pintar fuera de los límites.

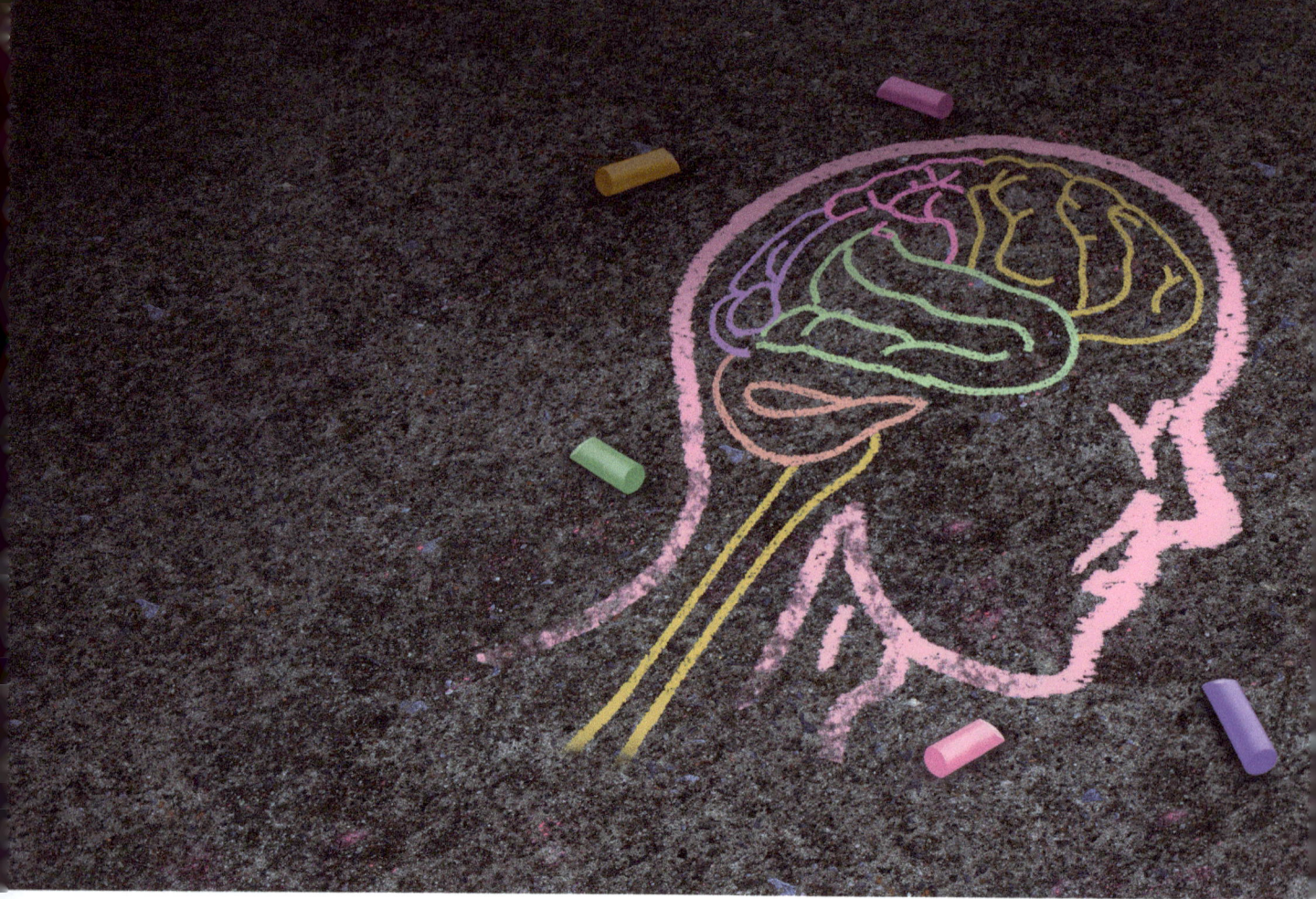

Una de las características de la neurodiversidad es la dificultad para cambiar de enfoque. Esto se debe a que el tema en el que se centra la atención ha tomado el control. Llámalo compulsión. O llámalo genialidad. Puede ser ambas cosas.

Por eso Einstein no siempre estaba disponible para tomar una copa con amigos, o incluso decir "Hola". Tenía cosas en la cabeza. Había preguntas que quería explorar y había otras cosas que brotaban de su cabeza. ¡Bam! $E = mc^2$.

Lewis Carroll era un poco solitario. Sí...

Charles Darwin no hablaba mucho. Vale...

Nikola Tesla ni siquiera salía de su habitación de hotel...

Estaban ocupados. Habían activado la creatividad. Y lo sabían. Sabían cómo marcarla y escribirla. Supieron sumergirse en ella y crear la mentalidad que estaba esperando la chispa. ¡Zoot!

Es otro Big Bang. No muy diferente del primero, pero más pequeño y manejable. Sin duda, la creatividad es como la "Creación". Las mismas pequeñas partículas que los científicos y filósofos postulan como los bloques de construcción del universo son las que hacen funcionar nuestro cerebro. Los electrones y demás.

¿Son también los bloques de construcción de los pensamientos? ¿Existen conexiones directas entre las estrellas y las ideas? ¿Existen pequeñas y adorables supernovas en lo profundo de nuestro cerebro? ¿Los agujeros negros conectan dimensiones dentro de nuestros propios cráneos? ¿Es de ahí de donde surgen las grandes ideas?

Tal vez. Si es neurodivergente.

Una alternativa interesante al Big Bang es el libro del Génesis, una mezcla de misticismo, chismes, fe y buenas historias. Todo eso también depende del cerebro. Hay hechos y arqueología (nuevamente, ciencia) que respaldan algunos de ellos. Mézclelos con espíritus, fantasmas, curación por la fe, milagros y vida eterna. Lo descubrirá.

La RELIGIÓN es donde se creó la "creación". Sueños. Visiones. Rapto. Revelación. Oración. Incluso reencarnación. Pensamiento bastante creativo. Moisés (TEA). Noé (TEA). Sansón (TEA). Salomón (TEA). Rey David (TEA). Rey Saúl (TDAH). José Smith (TDAH). L. Ron Hubbard (TEA). Buda (TEA). Martín Lutero (TOC). El apóstol Pablo (epilepsia).

Ser neurodivergente es ser humano. Defectos. Fortalezas. Inconsistencias. Eso hace que las cosas sean interesantes. Por eso a tantos personajes de ficción se les atribuyen rasgos de neurodiversidad. Disfrutamos de estos comportamientos en protagonistas como Sherlock Holmes, Bart y Lisa Simpson, Drácula y Sheldon. Incluso en Papá Noel.

En particular, leemos sobre magos que no solo están armados con magia, sino con mentes excepcionales e inusuales. Desde Merlín hasta Gandalf y Hogwarts, los hechiceros de ficción comparten características de neurodiversidad, los mismos rasgos que se pueden encontrar en nuestras aulas. Tal vez los estudiantes neurodivergentes de hoy puedan convertirse en los magos del futuro, con habilidades que los conviertan en héroes en la vida real.

Lo que solía ser fantasía (o magia) ahora es solo la vida cotidiana. Abra cadabra... ¡Vuelo! ¡Luces eléctricas! ¡Hablar a distancia! ¡Con imágenes! ¡Medicamentos! ¡Aire acondicionado! ¿A quién debemos agradecer eso? ¿A los escritores de ciencia ficción? Sí. A los mejores. Mucho antes de la invención viene el pensamiento. La lista de deseos.

¿Quiénes son los que ponen todos esos pensamientos nuevos e interesantes en nuestros libros? Las mismas personas que los piensan.

Hay muchísimas palabras y se pueden poner en diferentes órdenes, en varias secuencias de fragmentos de pensamiento que se pueden unir de mil maneras. Cree una historia. Cree un poema. Cree un mensaje.

Autores, dramaturgos, poetas, guionistas, periodistas, incluso blogueros. Congelan pensamientos y se los transmiten a otros. También hay diferentes idiomas para darle sabor. Compare notas entre culturas. ¿Igual? ¿O no? ¿O ambas cosas?

Cualquiera puede escribir. Algunos lo hacen. Otros no deberían. Pero algunos se abren paso. También rompen las reglas, creando nuevos estándares, nuevas ideas y nuevos lectores.

Alguien tiene que escribir manuales técnicos que sean comprensibles. La redacción de noticias tiene que ser justa y clara. ¿Publicidad y propaganda? Decídase usted mismo. ¿Influencers? ¡Ptui! Hay escritores de chistes cuyo genio es más efectivo que la mayoría de los predicadores. Hay drama y comedia, por supuesto, pero para que funcionen, los escritores necesitan perspicacia.

LOS ESCRITORES viven dentro de los cerebros que crean nuevos universos.
Autores. Poetas. Dramaturgos. Filósofos. Caricaturistas. Incluso guionistas. Julio
Verne (TDAH). Emily Dickinson (TEA). F. Scott Fitzgerald (TDAH). George Ber-
nard Shaw (TDAH). H.G. Wells (TEA). Agatha Christie (Dislexia). Edgar Allan
Poe (TEA). León Tolstoi (TEA). Charles Schultz (TEA). Aldous Huxley (TEA). Jane
Austen (TEA). Mark Twain (TEA). James Joyce (TEA). Lewis Carroll (TEA). Dan-
te Alighieri (Epilepsia). Franz Kafka (TEA). Hans Christian Andersen (TEA). Neil
Gaiman (TEA*). Steven Cannell (Dislexia*). George Orwell (TEA). Temple Gran-
din (TEA*). Alexander Pushkin (TDAH). Virginia Woolf (trastorno bipolar). Percy
Bysshe Shelley (TEA). Ernest Hemingway (TDAH). Fannie Flagg (dislexia*). Charles
Dickens (TOC). Billy Bob Thornton (dislexia*). Maquiavelo (TEA), William Blake
(TEA). Francis Ford Coppola (trastorno bipolar*). Mary Shelley (TEA). Rachel Car-
son (TEA). Fiódor Dostoievski (TEA). Hugh Wilson (dislexia*). Emily Bronte (TEA).
Charles Bukowski (dislexia). Simone de Beauvoir (TEA), Walt Whitman (TEA).
Marcel Proust (TOC). H.P. Lovecraft (TEA). J.R.R. Tolkien (TDAH). Samuel Johnson
(Tourette). Peter Mark Roget (TOC). Hermann Hesse (trastorno bipolar). Douglas
Adams (TDAH). Garrison Keillor (TEA). Isaac Asimov (TEA). Algernon Charles
Swinburne (TEA). William Butler Yeats (TEA).

¿Sorprendido? Probablemente no.

* Denota autoidentificación.

LOS MÚSICOS nos tocan en un lugar que no podemos ver. A través del tiempo y el espacio, desde vibraciones en el aire que vuelan a través de dispositivos electrónicos y cables hasta que vibran aire diferente en nuestros oídos y corazones modernos. ¡Da da da DAH! Es una forma de matemáticas que puede hacernos volar. O llorar. O unir nuestros sentimientos. Es un mensaje de Mozart, o Bach, o Handel, o Kurt Kobain. Nos llevan en un viaje. Ofrecemos aplausos a cambio. Suena justo.

Pero son los pensamientos los que conectan sus mentes con las nuestras. Es realmente una locura. E infinito. ¿Ve un patrón? ¿Alguien dice neurodiversidad?

Adam Levine (TOC*). Wolfgang Amadeus Mozart (TDAH). Justin Timberlake (TOC*). Billy Eilish (Tourette*). Courtney Love (TEA*). John Lennon (Dislexia). Cher (dislexia*). Will.I.Am (TDAH*). Stevie Wonder (TDAH). Bob Dylan (TEA). James Taylor (TEA*). Florence Welch (TDC*). John Denver (TEA). Justin Beiber (TDAH*). Mel B (TDAH*). Brittany Spears (TEA). Harry Belafonte (dislexia). Kurt Kobain (TDAH*). Elvis Presley (TDAH). Ludwig von Beethoven (TDAH). Frank Sinatra (TOC). George Frideric Handel (TDAH). Snoop Dogg (TDAH*). Cole Porter (TOC). Gustav Mahler (TEA). Taylor Swift (TEA). Warren Zevon (TOC*). Richard Strauss (TEA). Ed Sheeran (TEA). Carrie Underwood (TDAH*). Ice Cube (TEA*). Richard Wagner (TDAH). Neil Young (epilepsia). Joey Ramone (TOC). Johannes Brahms (TEA). Steven Tyler (TDAH). George Gershwin (TDAH). Johann Sebastian Bach (TEA). Franz Schubert (TEA). David Byrne (TEA*). Eminem (TEA*). Dave Grohl (TDAH). Kanye West (TEA*). Katy Perry (TOC). Solange Knowles (TDAH*). Elton John (epilepsia). Carly Simon (dislexia). Axl Rose (trastorno bipolar). Frederic Chopin (epilepsia).

* Denota autoidentificación.

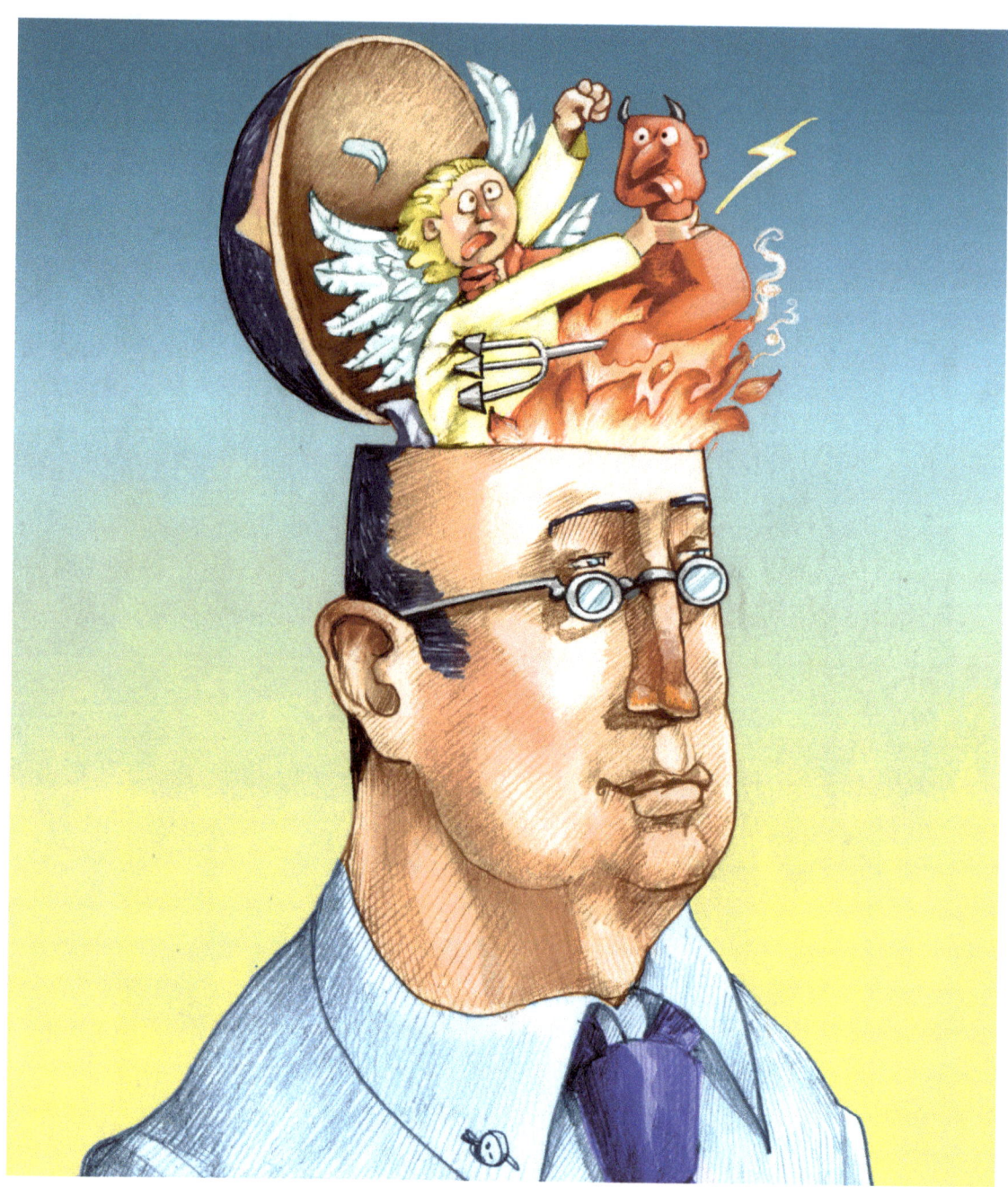

LOS CINEMATÓGRAFOS hacen realidad sus sueños y los fotografían. Convierten visiones en realidad, en sombras de colores que hablan. Steven Spielberg (dislexia*). Alfred Hitchcock (TEA). Tim Burton (TEA*). Stanley Kubrick (TEA). Woody Allen (TEA*). Orson Welles (TEA). Martin Scorsese (dislexia*). Spike Lee (dislexia*). Quentin Tarantino (dislexia*). David Lean (TEA). George Lucas (dislexia). Guy Ritchie (dislexia). Ridley Scott (TEA). Michael Bay (TEA). David Lynch (TEA). Francis Ford Coppola (dislexia). Jerry Lewis (TOC). Guillermo Del Toro (TDAH).

LOS ACTORES viven vidas ficticias en mundos y épocas imaginarios. Daniel Radcliffe (TDC*). George C. Scott (TDAH). Henry Winkler (dislexia*). Channing Tatum (TDAH*). Emma Watson (TOC*). Ryan Gosling (TDAH*). Zooey Deschanel (TDAH*). Charlie Chaplin (TEA). Mark Ruffalo (TDAH*). Johnny Depp (TDAH*). Woody Harrelson (TDAH). Will Smith (TDAH*). Dan Aykroyd (TEA*). Daryl Hannah (TEA). Anthony Hopkins (TEA*). Dustin Hoffman (TDAH). Jack Nicholson (TDAH). Keira Knightly (dislexia). Orlando Bloom (dislexia*). Jennifer Love Hewitt (TOC*). Jim Carey (TDAH*). Whoopi Goldberg (TDAH). Eva Longoria (TDAH). Robert Downey Jr. (trastorno bipolar). Danny Glover (dislexia*). Cameron Diaz (TDAH*). Seth Rogan (Tourette). Charlize Theron (TOC*). Steve McQueen (dislexia). Tom Cruise (dislexia*).

Leonardo DiCaprio (TOC*). Jessica Alba (TOC*). Buster Keaton (TEA). Megan Fox (TDAH). Alec Baldwin (TOC*). Julianne Moore (TOC). Charlie Sheen (TOC). Jennifer Anniston (dislexia). Marlon Brando (TDAH). Vince Vaughn (dislexia*). Emily Lloyd (TOC*). Patrick Dempsey (dislexia*). Catherine Zeta Jones (bipolar*). Sylvester Stallone (dislexia). Keanu Reeves (dislexia*). Vince Vaughn (TDAH*). Harrison Ford (TOC*).

* Denota autoidentificación.

Hay gente seria que propone que la creatividad proviene de otras dimensiones, lo que en sí mismo es bastante creativo. Pero ¿quién sabe? Hay psíquicos que afirman ver el futuro o visitar a los seres queridos que se han ido. Algunos aspirantes a eruditos ven las civilizaciones perdidas de la antigüedad con sus tecnologías desconocidas y las relacionan con comunicaciones extraterrestres con los terrícolas.

En cierto nivel, esas explicaciones son tan satisfactorias como la noción de sustancias químicas y electricidad que recorren nuestros cerebros con miles de millones de neuronas que recorren billones de conexiones craneales en una simulación micro cósmica del universo mismo.

Sin duda, ha habido místicos y chamanes durante siglos que inducían trances a los nativos. Carlos Castañeda promovió los sueños lúcidos además de los rituales primitivos con drogas. Los sueños y las visiones son prominentes en la Biblia, lo que llevó a revelaciones y profecías para José, Daniel, Jacob, los Reyes Magos y los apóstoles Pablo y Pedro, entre otros. Incluso hay una escuela de pensamiento que sostiene que la neurodiversidad no es un error genético, sino un paso en la evolución hacia un nivel superior de humanidad.

¿Qué pasa con los NO neurodivergentes? ¿De dónde vienen sus ideas? Ellos también tienen imaginación. Tienen intelecto. Se les estimula de muchas de las mismas maneras, pero la lógica cotidiana puede ser un obstáculo. Algunos problemas son particularmente difíciles y se necesita una mente divergente para seguir avanzando en territorios inexplorados. Conceptos como el cubismo, la evolución y los agujeros negros no surgen fácilmente.

Las ideas y las soluciones no siempre llegan cuando se las necesita y no siempre hay tiempo para encontrar un neurodivergente que salve el día. La lógica cotidiana puede ser un obstáculo. Algunos problemas son particularmente difíciles."

Algunos recurren al alcohol y las drogas en busca de inspiración. Hunter S. Thompson y Truman Capote, por ejemplo. ¿Quizás haya oído hablar de los Beatles? La lista de músicos y el consumo de drogas es infinita, ya sea para inducir la creatividad o simplemente para crear estragos. Los resultados son ciertamente mixtos. Hay muchos neurotípicos que simulan la neurodivergencia, en busca de ideas.

Los CÓMICOS ven las cosas de manera un tanto divertida, a nivel profesional.
Jim Jeffries (TEA*). Jay Leno (dislexia*). Chris Rock (TNP*). Ellen DeGeneres (TOC).
Howie Mandel (TOC*). Robin Williams (TDAH). Tommy Smothers (dislexia*).
Roseanne Barr (TOC*). Jerry Seinfeld (TEA*). Joan Rivers (TDAH). Johnny Carson
(TDAH). Trevor Noah (TDAH). Hannah Gadsby (TEA*). Rachel Feinstein (TDAH).
Hasan Minhaj (TDAH). Woody Allen (TEA). Mark Normand (TOC). Brian Regan
(TOC). Maria Bamford (TOC). Andy Kaufman (TEA). Michael Palin (TEA). George
Carlin (TEA).

Un disléxico, un epiléptico y un autista entran a un bar...

* Denotes self-identifying.

LOS VISIONARIOS, REVOLUCIONARIOS Y OTROS GENIOS VARIOS son fieles al tipo neurodivergente. Son los verdaderos librepensadores.

Harriet Tubman (epilepsia). Erin Brockovich (dislexia). David Blaine (TDAH). Cristóbal Colón (TDAH). Che Guevara (TDAH). Temple Grandin (TEA*). Howard Stern (TOC*). Dr. Vernon Smith (TEA*). James Carvill (TDAH). Tommy Hilfiger (dislexia*). Bobby Fischer (TEA). Greta Thunberg (TEA). Capitán James Cook (TEA). Tyra Banks (TOC*). Eleanor Roosevelt (TDAH). Jim Henson (TEA). Paul Allen (TEA). Le Corbusier (TEA). Satoshi Tajiri (TEA). Dr. Vernon Smith (TEA).).

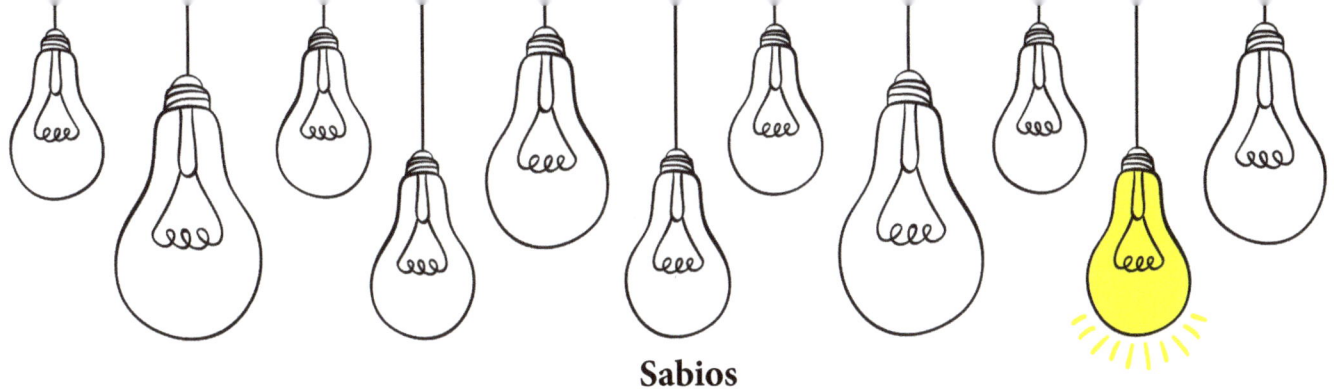

Sabios

Los sabios son la cumbre de la neurodiversidad. Un sabio es extremadamente talentoso en uno o más aspectos, pero suele tener un déficit correspondiente en otros.

Los sabios, en su mayoría varones, suelen ser bastante fuertes en matemáticas o música, aunque también hay otros tipos de conocimientos. Muchos tienen una memoria prodigiosa para los detalles menores. Es interesante que varios sean ciegos y algunos solo desarrollaron sus habilidades después de graves lesiones en la cabeza.

El artista Stephen Wiltshire dibuja paisajes grandes, increíblemente detallados y complicados de memoria. Daniel Tammet habla once idiomas y puede recitar pi hasta el dígito 22.000. (¿Quién está comprobando esto?) El megasabio Kim Peek ha memorizado doce mil libros. Ellen Boudreaux puede decir la hora al segundo exacto. Jason Padgett ve los números como fractales y puede dibujarlos con precisión a mano. Tony Deblois tocaba el piano cuando tenía dos años y ha memorizado más de 8.000 piezas musicales que puede tocar en veinte instrumentos diferentes. Gilles Trehim comenzó a dibujar una ciudad francesa imaginaria a los doce años y tiene 250 imágenes detalladas, además de un libro que describe la ciudad de Urville. El Dr. Thomas "Blind Tom" Wiggins, un exesclavo, realizó una gira con conciertos de piano tocando más de 7.000 piezas de música de memoria. Temple Grandin piensa en imágenes, lo que le permite diseñar equipos excepcionales para el manejo del ganado y ha escrito varios libros y es una oradora frecuente sobre el tema del autismo.

Además, hay otros escultores, poetas, pintores y músicos que muestran talentos increíbles.

Todos los sabios tienen autismo. No hay súper malabaristas con trastorno del desarrollo de la coordinación ni personas con síndrome de Tourette que maldigan exquisitamente. Los sabios son bastante raros y se estima que hay menos de cien en todo el mundo.

Si se pregunta cómo es ser neurodivergente, o incluso si lo es, aquí tiene una pequeña prueba sencilla de creatividad.

Es una página en blanco. Está en blanco por ambos lados, de modo que si la arranca, no se perderá nada del resto de este libro.

Simplemente escriba (o dibuje) lo que quiera en esa página. Cualquier cosa.

Si es neurotípico, es posible que anote una o dos notas, o que haga garabatos sin sentido, y luego pase la página y siga leyendo. O tal vez no le importe nada y ya haya pasado la página, perdiéndose así el resto de este magnífico texto.

Pero, si es neurodivergente, póngase cómodo. Vas a estar aquí por un tiempo.

Es cierto que puede escribir o dibujar cualquier cosa, pero esa no es su naturaleza. No va a arruinar una hoja de papel perfectamente en blanco a menos que tenga algo que valga la pena.

O puede que ya haya arrancado la página y la haya tirado. Algunos de ustedes incluso pueden haberla roto en pequeños fragmentos, como si lanzaran una ráfaga de confeti en blanco. Algunos de ustedes habrán recortado cuidadosamente la página con tijeras o algo similar, para no arruinar ni la página ni el libro. Dios los bendiga.

¿Aún estás perplejo? De hecho, una página en blanco es un obstáculo formidable. ¿Está preparado para el desafío? ¿Vale la pena perder el tiempo? ¿Pero por qué no puede seguir adelante? Maldita sea...

Ahora bien, si ha estado estancado en esta página durante una hora o más, debería sentirse libre de saltársela, ganándose el título honorífico de Cuasi-Neurodivergente.

Para el resto de ustedes, cada vez que lean esta página, les sugerimos que marquen una de las casillas a continuación. Una vez que hayan marcado todas las casillas, deberían sentirse libres de pasar página y continuar con su vida.

☐ ☐ ☐ ☐ ☐ ☐ ☐ ☐ ☐ ☐ ☐ ☐ ☐ ☐
☐ ☐ ☐ ☐ ☐ ☐ ☐ ☐ ☐ ☐ ☐ ☐ ☐ ☐

Ahora que terminó la prueba, ¿cómo se siente con respecto a su desempeño?

¿Está orgulloso de su trabajo o tiene pensamientos persistentes sobre su resultado? ¿Quiere mostrarla? ¿O quiere rehacerla de alguna manera? Incluso si la ha descartado, todavía le molesta, ¿no? Al menos un poco.

¿Qué habría hecho Leonardo da Vinci con esa página? Debería avergonzarse.

¿Qué habría hecho Mozart con el tiempo que perdió pensando en ella? ¿Una sinfonía? ¿O solo una canción?

James Joyce habría desperdiciado la página y la habría transformado en algo magnífico y obtuso. ¿Por qué no pudo hacer eso?

De vez en cuando pensará en esa página en blanco por el resto de su vida, preguntándose: ¿por qué no pude haber hecho más? Aquí hay dos posibles razones.

1. No es neurodivergente. (Simplemente no le importa.)
2. Es neurodivergente. (Tal vez le importa demasiado.)

¿Sigues pensando en eso? Eso es lo que pasa con la creatividad. No se puede encontrar cuando se le busca. Está ahí, acechando en algún lugar de los recovecos de su cráneo, pero es un poco como su gato. No siempre responde a su nombre. Es cierto que dependemos de la creatividad, pero no podemos contar con ella.

¿Puede contar hasta diez sin pensar en un elefante? Probablemente no. Al menos no ahora. Eso significa que no tiene el control total de su propia mente. Y así es como funciona la creatividad. Es una parte de su mente que no puede controlar, sin importar cuánto la necesite.

A veces funciona. Por lo general es demasiado poco y demasiado tarde, pero estamos agradecidos por cualquier avance que suceda. Pero, al mirar atrás, casi todas las soluciones creativas a un problema nos hacemos la misma pregunta: ¿Por qué no me di cuenta antes?

Es como si siempre tuviéramos que esperar a mañana para resolver los problemas de ayer, cuando en realidad necesitamos la solución hoy.

¿Qué hace que una letra carezca de sentido, mientras que otra letra igualmente carente de sentido se vuelve atemporal? La genialidad. Eso es todo. Los pensamientos de Cole Porter eran diferentes de lo que escribió en la página en blanco. (Volveremos a comprobarlo dentro de un siglo para ver cuál se ha mantenido).

Así que hay algo que está sucediendo en esos cerebros "diferentes" que es, bueno, *diferente*. No podemos verlo en una resonancia magnética, ni siquiera en una autopsia, pero podemos verlo en la forma en que hace que otras personas sonrían ante una melodía o asientan ante un ensayo o se rían ante un chiste.

¿La creatividad es simplemente algo místico? ¿Es algo en lo que creemos, como la alquimia, la astrología, la religión o las multivitaminas?

No. Sabemos que es el cerebro. Podemos señalar el lóbulo parietal, el bulbo raquídeo y el lóbulo occipital, pero no podemos señalar la inspiración. Y no podemos separar la dislexia de la sinfonía. No podemos señalar con precisión de qué parte del espectro proviene ese código informático brillante. No podemos aislar las neuronas que hacen que la atención de alguien se mueva incesantemente de una cosa a otra para luego concentrarse en otra cosa.

Y eso nos lleva de nuevo a las personas neurodivergentes. Tienen inspiración con esteroides. Pueden activarla. Bien dirigida, es una herramienta. A veces ni siquiera pueden detenerla.

Les debemos respeto, no burla. Durante siglos se les ha insultado. Tontos. Idiotas. Lunáticos. Raros. Ad infinitum.

Tal vez ahora haya una nueva forma de referirse a ellos. Neurotípicos.

La creatividad no es solo soñar grandes ideas por parte de genios. La neurodiversidad es inclusiva. Están a nuestro alrededor, con buenas ideas inesperadas, grandes y pequeñas. Si la neurodiversidad causa creatividad, ¿qué hacemos con este conocimiento?

¡Escuche a los neurodivergentes! Ofrezca aceptación. Y más. Reconocimiento. Apoyo. Recursos. Herramientas. Información. Ánimo. Celebre a los neurodivergentes. ¡Apártese de su camino! ¡Difunda la palabra! Y no espere a que estén muertos para llamarlos genios...

Los locos, nerds y sabios mencionados anteriormente son solo una selección de superestrellas neurodivergentes de la posteridad y del presente, pero deberíamos mirar hacia el futuro. Siempre hay más gente nueva en camino. La neurodiversidad no es diferente.

Si miramos hacia atrás en la historia, no deberíamos limitarnos a aprovechar la productividad de los genios neurodivergentes (sus inventos, sus sinfonías, sus ideas). Deberíamos aprender de sus otras experiencias. Entender los obstáculos que enfrentaron. Superar los tics y fracasos (tal como ellos lo hicieron) y sonreír ante los éxitos. Compartirlos ampliamente. Facilitarle las cosas a la próxima...

Hay libros que enumeran los síntomas y todas las cosas que van mal en los cerebros neurodivergentes. Libros de medicina. Libros de psicología. Libros de autoayuda. Debería haber más libros que abran puertas y mentes. ¿La neurodiversidad es una discapacidad o un camino?

Hoy, una nueva generación se enfrenta a los mismos problemas, el mismo entorno, las mismas burlas, bloqueos, obstáculos, ridículo, estupidez, actitudes. Desamores. Habrá multitud de ellos, todos luchando, pero esas son luchas individuales en mentes individuales.

Tenemos la capacidad (y la obligación) de cambiar el mundo en el que están emergiendo, de compartir una mente colectiva iluminada.

Podemos afectar el entorno de las escuelas, desde los maestros hasta los demás estudiantes y los padres, y hacer que las aulas sean acogedoras. Podemos ofrecer reconocimiento en lugar de cerrar las persianas. Podemos aceptar las dificultades juntos.

La creatividad potencial de esta nueva "mente colmena" es ilimitada. No le damos la espalda a las minas de oro ni a los pozos de petróleo.

A pesar de todas las promesas de la inteligencia artificial, la inteligencia "real" extraerá de lo más profundo de nosotros y cabalgará nuestros sueños.

Este es el corazón de la creatividad.

FIN

¡Buenas noticias! Si usted fue uno de los lectores que optó por arrancar la página en blanco con el test de creatividad, va a necesitar otra hoja de papel en blanco.

Hemos proporcionado un suministro infinito de esas páginas en nuestro sitio web en: *www.cosworthpublishing.com/catalog.html*. Allí puede comprar una cantidad ilimitada de libros idénticos, cada uno completo con una página en blanco correspondiente como reemplazo.

Esta es una oportunidad maravillosa para expresar tu creatividad. Muéstrenos lo mejor de usted.

Acerca del autor

Jimmy Huston (TEA, TOC, TDAH, TDC, TANV, dislexia, discalculia, síndrome de Tourette, trastorno bipolar) creció en Athens, Georgia, antes de que se inventara la neurodivergencia. Ahora que vive en California, donde es obligatoria, finalmente se está acostumbrando a ella. Pregúntele a su esposa o a su perro.

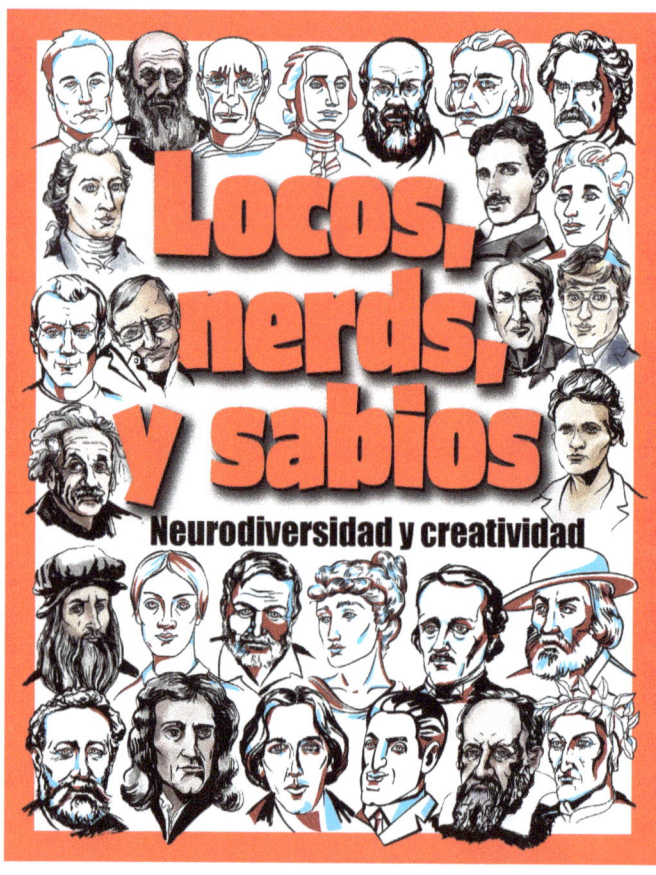

Cubrir rostros. 1. Elon Musk. 2. Charles Darwin. 3. Pablo Picasso. 4. George Washington. 5. Socrates. 6. Salvador Dali. 7. Mark Twain. 8. Immanuel Kant. 9. Nikola Tesla. 10. Simone de Beauvoir11. Niccolo Maquiavelo. 12. Stephen Hawking. 13. Thomas Edison. 14. Bill Gates. 15. Albert Einstein. 16. Marie Curie. 17. Leonardo da Vinci. 18. Emily Dickinson. 19. Ernest Hemingway. 20. Hipatia de Alejandría. 21. Edgar Allan Poe. 22. Walt Whitman. 23. Julio Verne. 24. Isaac Newton. 25. Oscar Wilde. 26. George Gershwin. 27. Galileo Galilei. 28. Dante Alighieri.

Libros de Jimmy Huston

www.cosworthpublishing.com

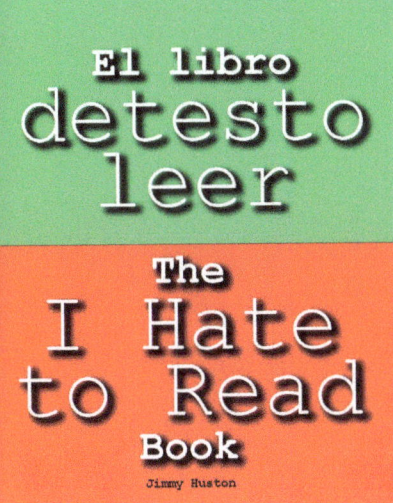

El libro detesto leer

The I Hate to Read Book

Jimmy Huston

En español y inglés.

Si estás leyendo esto, este libro no te va a gustar.

No es para ti.

Este libro es para las personas que no lo están leyendo.

A ellos tampoco les gustará, pero es corto.

Eso les gustará.

"En realidad no leí este libro. Si lo hubiera leído me habría encantado — pero nunca lo haré."   Billy

"La palabra odio no alcanza. Detesto leer. Ni siquiera me gusta mirar los dibujos - que además no tiene."   Wally

"Esto no es lo que escribí sobre este estúpido libro."   Zane

"Este es un gran libro para la mesita, si tu mesita odia leer."   Solomon

"Este libro hizo llorar a mi profe."   David

"Mi hijo amó este libro. Dijo que estaba delicioso."   Sr. Jones

"ESTE LIBRO ES TAN ESTÚPIDO QUE HASTA YO PODRÍA HABERLO ESCRITO."   Jimmy "

www.i-hate-to-read.com

Otros libros de Cosworth Publishing

www.cosworthpublishing.com

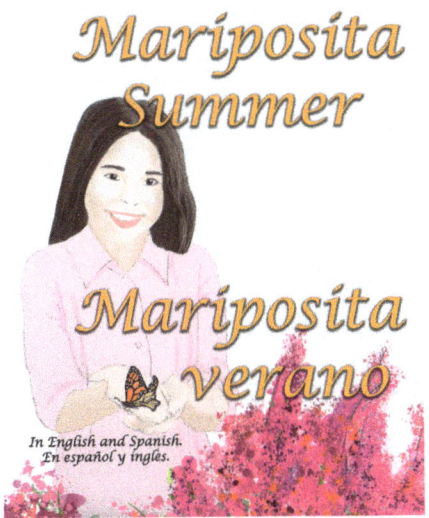

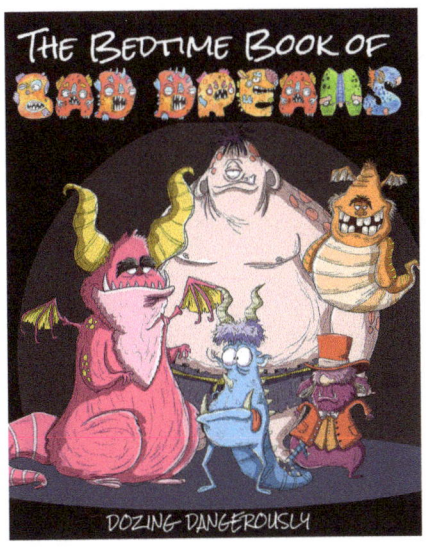

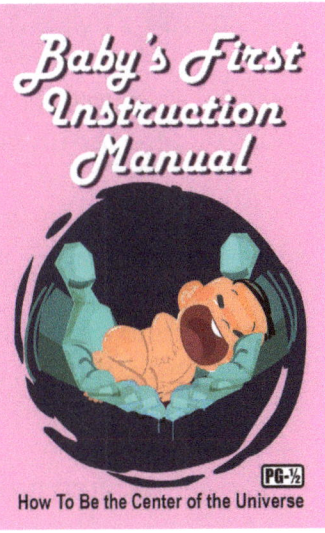

Dar un libro de autoayuda a un niño disléxico es como ofrecer un vaso de agua a alguien que se está ahogando.

Así que pide que alguien te lo lea para escucharlo y pensar sobre él – y mira los dibujos.

Este libro también está disponible en Audible como audiolibro. (Tendrás que imaginarte las fotos.)

* Alguien que se preocupa.

Gracias por comprar, pedir prestado o haber robado este libro maravilloso.

En Cosworth Publishing lo apreciamos, y a cambio queremos ofrecerte uno de nuestros libros en formato digital completamente gratis—valen cada centavo.

Solo avísanos que lo quieres, y nos aseguraremos que lo recibas. Avísanos cuál ya has leído para no enviarte el mismo.

Envía un correo a office@cosworthpublishing.com.

Entonces, de vez en cuando, te avisaremos por correo electrónico cuando tengamos un libro nuevo que te podría interesar.

No lo haremos muy seguido porque somos muy flojos, y no hacemos tantos libros nuevos.

www.ingramcontent.com/pod-product-compliance
Lightning Source LLC
Chambersburg PA
CBHW041125120626
46547CB00019B/2853